AF191099

Der Wille macht den Unterschied

von Frank Kralemann

Buchbeschreibung:

Das Streben nach persönlichem Wachstum und Erfolg ist eine der grundlegendsten menschlichen Bestrebungen. Ob wir uns nach beruflichem Aufstieg sehnen, unsere Gesundheit verbessern möchten oder einfach nur ein erfüllteres und glücklicheres Leben führen wollen, der Weg von der bloßen Absicht zur konkreten Umsetzung unserer Ziele ist oft von zahlreichen Herausforderungen geprägt. In "Der Wille macht den Unterschied" werden wir uns auf diese Reise begeben und effektive Strategien und Techniken erforschen, die uns dabei helfen können, unsere Träume und Ambitionen Wirklichkeit werden zu lassen.

Über den Autor:

Frank Kralemann hat schon viele Bücher veröffentlicht. Mit den Themen Aufschieben, Zeitmanagement und dem Willen hat er sich mehrfach auseinander gesetzt. Frank Kralemann wohnt in der Nähe des Teutoburger Waldes. Er ist Vater und Grossvater.

Der Wille macht den Unterschied

Wie man seine Ziele erreicht

von Frank Kralemann

1. Auflage, 2023

© 2023 Frank Kralemann Alle Rechte vorbehalten.

Herstellung und Verlag

BoD - Books on Demand, Norderstedt

ISBN: 9783757803063

Inhaltsverzeichnis

Einleitung

Das Streben nach persönlichem Wachstum und Erfolg ist eine der grundlegendsten menschlichen Bestrebungen. Ob wir uns nach beruflichem Aufstieg sehnen, unsere Gesundheit verbessern möchten oder einfach nur ein erfüllteres und glücklicheres Leben führen wollen, der Weg von der bloßen Absicht zur konkreten Umsetzung unserer Ziele ist oft von zahlreichen Herausforderungen geprägt. In "Der Wille macht den Unterschied" werden wir uns auf diese Reise begeben und effektive Strategien und Techniken erforschen, die uns dabei helfen können, unsere Träume und Ambitionen Wirklichkeit werden zu lassen.

In diesem Buch werden wir uns mit verschiedenen Konzepten und Ansätzen befassen, die uns dabei unterstützen können, unsere Ziele zu erreichen. Dazu gehören "Wenn-Dann"-Pläne, die uns helfen, vorausschauend zu handeln und auf mögliche Hindernisse vorbereitet zu sein; das Rubikon-Prinzip, das den entscheidenden Moment markiert, in dem wir eine feste Entscheidung treffen, unsere Absichten in die Tat umzusetzen; und das zukünftige Selbst, bei dem wir uns auf die Vorstellung von uns selbst in der Zukunft konzentrieren, um unsere Motivation und Entschlossenheit zu stärken.

Ein zentrales Thema in diesem Buch ist die Bedeutung der Selbstreflexion und der persönlichen Entwicklung, um zu bestimmen, wie wir in der Zukunft sein möchten. Indem wir unsere Werte, Überzeugungen und Entwicklungsziele identifizieren, können wir uns auf die Transformation hin zu unserem zukünftigen Selbst konzentrieren. Darüber hinaus werden wir Strategien und Techniken zur Problemlösung und zum Umgang mit Schwierigkeiten untersuchen, um uns dabei zu unterstützen, unsere Ziele trotz aller Herausforderungen zu erreichen.

Ein weiterer wichtiger Aspekt dieses Buches ist die Betonung der Notwendigkeit, Anstrengungen bewusst in Kauf zu nehmen und nicht zu vermeiden. Erfolg erfordert oft harte Arbeit, Durchhaltevermögen und Entschlossenheit, und es ist wichtig, diese Anstrengungen als notwendigen Teil des Prozesses anzuerkennen und zu akzeptieren. Schließlich werden wir uns auch mit dem Thema "Erinnerungen sichtbar machen" befassen und untersuchen, wie wir unsere Erfolge und Fortschritte feiern und dokumentieren können, um unsere Motivation aufrechtzuerhalten und uns auf unserem Weg zu unterstützen.

"Der Wille macht den Unterschied" soll ein praktischer Leitfaden sein, der Ihnen dabei hilft, Ihre Träume und Ziele in greifbare Realität umzusetzen. Durch das Erlernen und Anwenden der im Buch vorgestellten Konzepte und Strategien können Sie den Übergang von der Planung zur Handlungsphase meistern und Ihrem zukünftigen Selbst einen Schritt näherkommen.

Entschlossen handeln und dranbleiben

1. Zielgerichtetheit: Wenn Sie entschlossen handeln und an Ihren Zielen festhalten, bleiben Sie fokussiert und können systematisch auf diese hinarbeiten. Ständig neu anzufangen kann dazu führen, dass Sie sich verzetteln und keine Fortschritte machen.

2. Erfahrung und Lernen: Durch kontinuierliches Handeln und Durchhalten sammeln Sie Erfahrungen, aus denen Sie lernen können. Ständiges Neuanfangen bedeutet, dass Sie möglicherweise nicht genug Zeit haben, um aus Ihren Erfahrungen zu lernen und Ihre Fähigkeiten zu verbessern.

3. Selbstvertrauen und Motivation: Wenn Sie entschlossen handeln und dranbleiben, stärken Sie Ihr Selbstvertrauen und Ihre Motivation. Sie erkennen Ihre Fähigkeiten und sind besser in der Lage, Herausforderungen zu bewältigen. Ständig

neu anzufangen kann zu Selbstzweifeln und Demotivation führen.

4. Zeitmanagement: Durch zielstrebiges Handeln und Dranbleiben nutzen Sie Ihre Zeit effektiver. Immer wieder von vorne anzufangen kann dazu führen, dass Sie wertvolle Zeit verschwenden und nicht effizient arbeiten.

5. Langfristiger Erfolg: Durch entschlossenes Handeln und Durchhalten erhöhen Sie die Chancen auf langfristigen Erfolg. Erfolgreiche Menschen sind oft diejenigen, die sich auf ihre Ziele konzentrieren und an diesen festhalten, auch wenn es schwierig wird. Ständig neu anzufangen kann Sie daran hindern, langfristige Erfolge zu erzielen.

Insgesamt ist es wichtig, entschlossen zu handeln und dranzubleiben, um Fortschritte zu erzielen, aus Erfahrungen zu lernen, Selbstvertrauen aufzubauen, Zeit effektiv zu nutzen und langfristige Erfolge zu erreichen.

Der Unterschied zwischen Wille und Wunsch

Wollen ist ein entscheidender Faktor für persönliches Wachstum, Erfolg und die Verwirklichung unserer Ziele. Es hilft uns, unsere Absichten in konkrete Handlungen umzusetzen und die notwendige Energie und Motivation aufzubringen, um unsere Träume zu verwirklichen. Um die Bedeutung des Wollens vollständig zu verstehen, ist es wichtig, den Unterschied zwischen Wille und Wunsch zu erkennen.

1. Wille

Wille bezieht sich auf die feste Entschlossenheit und das aktive Streben, ein bestimmtes Ziel oder einen bestimmten Zustand zu erreichen. Wenn wir von Wille sprechen, meinen wir die bewusste Entscheidung, sich für ein Ziel einzusetzen und die nötige Energie und Anstrengung aufzubringen, um es zu erreichen. **Der Wille ist geprägt von**

Entschlossenheit, Ausdauer und Selbstdisziplin. Er treibt uns dazu, aktiv an der Verwirklichung unserer Ziele zu arbeiten und möglichen Hindernissen oder Schwierigkeiten entgegenzutreten.

2. Wunsch

Im Gegensatz zum Willen ist der Wunsch eher eine passive Emotion oder ein Gedanke, der auf das Erreichen eines Ziels oder Zustands gerichtet ist, ohne jedoch die nötige Entschlossenheit oder Anstrengung aufzubringen, um dies zu erreichen. Wünsche können als vage Vorstellungen oder Hoffnungen betrachtet werden, die oft von einer unsicheren oder unklaren Absicht begleitet sind. Wünsche allein führen selten zu konkreten Handlungen oder Ergebnissen, da ihnen die feste Entschlossenheit und das aktive Streben fehlen, die den Willen kennzeichnen.

Warum ist das Wollen wichtig?

Das Wollen ist wichtig, weil es die Brücke zwischen unseren Absichten und der Umsetzung unserer Ziele bildet. Ohne den Willen verbleiben unsere Träume und Absichten als passive Wünsche, die uns selten dazu motivieren, die notwendigen Schritte zur Zielerreichung zu unternehmen. Ein starker Wille ermöglicht es uns, trotz Rückschlägen und Herausforderungen weiterzumachen und uns auf die Erreichung unserer Ziele zu konzentrieren.

Indem wir den Unterschied zwischen Willen und Wunsch erkennen, können wir uns bewusst dafür entscheiden, unseren Willen zu stärken und uns aktiv für die Verwirklichung unserer Träume und Ambitionen einzusetzen. Dies führt nicht nur zu einem größeren Erfolg bei der Zielerreichung, sondern trägt auch zu einem stärkeren Gefühl der Selbstwirksamkeit und Zufriedenheit bei.

Die Bedeutung von zielgerichtetem Handeln

Zielgerichtetes Handeln ist eine wesentliche Komponente für persönliches Wachstum, Erfolg und Lebenszufriedenheit. Es ermöglicht uns, unsere Träume, Ambitionen und Ziele zu verwirklichen, indem wir unsere Energie und Ressourcen in eine klare Richtung lenken. Dabei ist zielgerichtetes Handeln von entscheidender Bedeutung für die Erreichung von Erfolgen, sowohl im beruflichen als auch im persönlichen Bereich.

Einige wichtige Aspekte von zielgerichtetem Handeln sind:

1. Selbstbewusstsein: Zielgerichtetes Handeln erfordert ein klares Verständnis unserer eigenen Fähigkeiten, Interessen und Werte. Indem wir uns selbst besser kennen, können wir Ziele setzen, die wirklich bedeutsam und erfüllend für uns sind.

2. Motivation: Die Fähigkeit, uns selbst zu motivieren und engagiert an unseren Zielen zu arbeiten, ist ein entscheidender Faktor für zielgerichtetes Handeln. Diese Motivation kann von internen oder externen Faktoren stammen, wie z.B. der Wunsch nach persönlichem Wachstum oder der Wunsch, anderen zu helfen.

3. Planung und Organisation: Um unsere Ziele zu erreichen, ist es wichtig, sorgfältige Pläne zu erstellen und unsere Ressourcen und Zeit effektiv zu verwalten. Zielgerichtetes Handeln beinhaltet die Fähigkeit, realistische Pläne zu entwickeln und Prioritäten zu setzen.

Der Weg von der Absicht zur Umsetzung

Der Übergang von der Absicht zur Umsetzung ist ein entscheidender Schritt im Prozess der Zielerreichung. Viele Menschen haben großartige Ideen und Ambitionen, aber der Weg zur

Verwirklichung dieser Ziele kann oft schwierig und entmutigend sein. Um diesen Übergang erfolgreich zu meistern, sind einige Schlüsselfaktoren zu beachten:

1. Konkrete Ziele: Um den Übergang von der Absicht zur Umsetzung zu erleichtern, ist es wichtig, konkrete und messbare Ziele zu setzen. Diese helfen uns, unseren Fortschritt zu verfolgen und sicherzustellen, dass wir auf dem richtigen Weg sind.

2. Handlungsschritte: Um unsere Ziele zu erreichen, müssen wir klare Handlungsschritte identifizieren, die uns näher an unsere Ziele heranführen. Diese Schritte sollten realistisch, durchführbar und in überschaubare Aufgaben unterteilt sein.

3. Selbstverpflichtung: Um den Übergang von der Absicht zur Umsetzung erfolgreich zu bewältigen, ist es wichtig, uns selbst gegenüber verbindlich zu sein. Dies kann durch die Schaffung von Gewohnheiten, Routinen und Verantwortlichkeiten

erreicht werden, die uns dazu zwingen, unsere Pläne in die Tat umzusetzen.

4. Flexibilität und Anpassungsfähigkeit: Da sich Umstände und Bedingungen ändern können, ist es wichtig, flexibel und anpassungsfähig zu sein. Dies bedeutet, dass wir bereit sein müssen, unsere Pläne und Strategien zu ändern, wenn dies erforderlich ist, um unsere Ziele zu erreichen.

Durch das Berücksichtigen dieser Faktoren kann der Übergang von der Absicht zur Umsetzung erfolgreich bewältigt werden, wodurch wir uns in die beste Position bringen, um unsere Ziele zu erreichen und zielgerichtet zu handeln.

Einige zusätzliche Strategien, die bei der Umsetzung unserer Absichten hilfreich sein können, sind:

5. Unterstützungsnetzwerk: Umgeben Sie sich mit Menschen, die Sie unterstützen und ermutigen, Ihren Zielen und Träumen nachzugehen. Ein positives Umfeld kann einen großen Einfluss

darauf haben, wie erfolgreich wir sind, wenn wir versuchen, unsere Absichten in die Tat umzusetzen.

6. Fortlaufende Lern- und Wachstumsorientierung: Um den Übergang von der Absicht zur Umsetzung zu erleichtern, ist es wichtig, stets bereit zu sein, zu lernen und sich weiterzuentwickeln. Durch die kontinuierliche Verbesserung unserer Fähigkeiten und Kenntnisse können wir Hindernisse überwinden und effektiver auf unsere Ziele hinarbeiten.

7. Selbstreflexion und -bewertung: Regelmäßige Selbstreflexion und -bewertung helfen uns, unsere Fortschritte, Stärken und Schwächen zu erkennen. Indem wir ehrlich zu uns selbst sind und uns selbst bewerten, können wir feststellen, was funktioniert, was nicht funktioniert und wie wir uns verbessern können.

8. Belohnungen und Anerkennung: Positive Verstärkung kann uns dabei helfen, motiviert zu bleiben und den Übergang von der Absicht zur Umsetzung zu erleichtern. Indem wir uns selbst für

erreichte Meilensteine belohnen und unsere Erfolge anerkennen, stärken wir unser Selbstvertrauen und unsere Entschlossenheit, weiterzumachen.

Insgesamt ist der Weg von der Absicht zur Umsetzung ein komplexer Prozess, der Selbstbewusstsein, Motivation, Planung, Organisation und Flexibilität erfordert. Durch die Anwendung dieser Schlüsselfaktoren und Strategien können wir jedoch erfolgreich den Übergang von der Absicht zur Umsetzung bewältigen und uns auf dem Weg zu zielgerichtetem Handeln weiterentwickeln.

Planung und Strategie

Planung und Strategie sind entscheidend für den Erfolg bei der Umsetzung von Zielen und Absichten. Eine gut durchdachte Strategie hilft dabei, mögliche Hindernisse und Herausforderungen vorherzusehen und darauf vorbereitet zu sein. Eine solche Planungsmethode ist die Verwendung von "Wenn-Dann"-Plänen, die eine vorausschauende Herangehensweise an das Handeln ermöglichen.

"Wenn-Dann"-Pläne: Vorausschauend handeln

"Wenn-Dann"-Pläne sind eine bewährte Methode, um unsere Handlungen effektiver und zielgerichteter zu gestalten. Sie basieren auf der Identifikation von Auslösern (Wenn-Situationen) und der Entwicklung von Handlungsalternativen (Dann-Reaktionen), um unsere Absichten in die Tat umzusetzen.

1. Identifikation von Auslösern:

Der erste Schritt bei der Erstellung eines "Wenn-Dann"-Plans besteht darin, mögliche Auslöser oder Situationen zu identifizieren, die unsere Absichten behindern oder unterstützen könnten. Diese Auslöser können sowohl interne (z.B. Emotionen, Gedanken) als auch externe Faktoren (z.B. Umwelt, soziale Situationen) sein.

2. Erstellung von Handlungsalternativen:

Nachdem wir die Auslöser identifiziert haben, ist es wichtig, passende Handlungsalternativen oder Dann-Reaktionen zu entwickeln, die uns helfen, unseren Zielen näher zu kommen. Diese Handlungsalternativen sollten spezifisch, realistisch und an unsere persönlichen Fähigkeiten angepasst sein.

3. Umsetzung und Anpassung:

Sobald die "Wenn-Dann"-Pläne erstellt wurden, ist es an der Zeit, sie in die Praxis umzusetzen. Es ist wichtig, konsequent und entschlossen zu handeln, um den Erfolg der Pläne zu gewährleisten. Darüber hinaus ist es entscheidend, unsere Pläne regelmäßig zu überprüfen und anzupassen, um möglichen Veränderungen oder neuen Herausforderungen gerecht zu werden.

Durch die Anwendung von "Wenn-Dann"-Plänen können wir proaktiv auf Herausforderungen reagieren und unsere Absichten effektiver in die Tat umsetzen. Diese Methode trägt dazu bei, den Übergang von der Absicht zur Umsetzung zu erleichtern und unsere Planung und Strategie für zielgerichtetes Handeln zu optimieren.

Starker Wille hilft Widerstände zu überwinden

1. Ausdauer: Ein starker Wille hilft uns, auch in schwierigen Zeiten ausdauernd zu sein und uns auf unsere Ziele zu konzentrieren. Durch den Willen entwickeln wir die Fähigkeit, Rückschläge zu überwinden und uns weiterhin für unsere Ziele einzusetzen.

2. Selbstmotivation: Der Wille ist eng mit unserer inneren Motivation verbunden. Wenn wir wirklich etwas erreichen wollen, sind wir eher bereit, die notwendige Zeit, Mühe und Energie zu investieren, um unsere Ziele zu erreichen.

3. Entscheidungsfindung: Wenn wir einen starken Willen haben, fällt es uns leichter, Entscheidungen zu treffen, die uns unserem Ziel näherbringen. Wir können uns besser auf das Wesentliche konzentrieren und uns auf unsere Prioritäten einstellen, um den richtigen Kurs beizubehalten.

4. Problemlösung: Ein starker Wille unterstützt unsere Problemlösungsfähigkeiten, indem er uns dazu anregt, nach neuen Wegen und Lösungen zu suchen, um Hindernisse zu überwinden. Dies ermöglicht uns, kreative und effektive Strategien zu entwickeln, um unsere Ziele zu erreichen.

5. Selbstdisziplin: Ein starker Wille führt zu besserer Selbstdisziplin, indem er uns dazu anhält, Ablenkungen zu widerstehen und konsequent auf unsere Ziele hinzuarbeiten. Selbstdisziplin ist entscheidend, um langfristig erfolgreich zu sein.

6. Selbstvertrauen: Wenn wir über einen starken Willen verfügen, glauben wir an unsere Fähigkeit, unsere Ziele zu erreichen. Dieses Selbstvertrauen gibt uns die Kraft, Widerstände zu überwinden und unsere Träume zu verwirklichen.

Insgesamt verleiht uns der Wille die Kraft, unsere Ziele auch gegen Widerstände zu erreichen, indem er unsere Ausdauer, Selbstmotivation, Entscheidungsfindung, Problemlösung, Selbstdisziplin und unser Selbstvertrauen stärkt.

Einen starken Willen aufbauen

Einen starken Willen aufzubauen, erfordert Zeit, Geduld und Anstrengung. Hier sind einige Schritte, die Ihnen dabei helfen können, Ihren Willen zu stärken:

1. Ziele setzen: Definieren Sie klare, realistische und messbare Ziele, die Ihnen als Ankerpunkt für Ihren Willen dienen. Die Kenntnis Ihrer Ziele gibt Ihnen einen Fokus und eine Richtung für Ihre Bemühungen.

2. Schrittweise Vorgehen: Beginnen Sie mit kleineren, leichter erreichbaren Zielen und arbeiten Sie sich allmählich zu größeren Herausforderungen vor. Dies hilft Ihnen, Erfolgserlebnisse zu sammeln und Ihren Willen schrittweise zu stärken.

3. Selbstreflexion: Reflektieren Sie regelmäßig über Ihre Fortschritte, Erfolge und Rückschläge. Identifizieren Sie die Hindernisse, die Sie überwinden müssen, um Ihren Willen zu stärken, und entwickeln Sie Strategien, um diese zu bewältigen.

4. Selbstdisziplin üben: Trainieren Sie Ihre Selbstdisziplin, indem Sie regelmäßig kleine Herausforderungen meistern, wie zum Beispiel das Einhalten einer täglichen Routine oder das Treffen gesunder Entscheidungen. Übung und Konsistenz sind der Schlüssel, um Ihre Willenskraft zu verbessern.

5. Positives Denken fördern: Konzentrieren Sie sich auf Ihre Stärken und Erfolge, anstatt sich auf

Schwächen oder Misserfolge zu fokussieren. Positives Denken trägt dazu bei, Ihren Willen zu stärken und Ihnen den Mut zu geben, weiterzumachen.

6. Stressbewältigung: Lernen Sie effektive Techniken zur Stressbewältigung, wie z.B. Meditation, Yoga oder Atemübungen. Stress kann Ihre Willenskraft schwächen, daher ist es wichtig, dass Sie lernen, wie Sie ihn bewältigen können.

7. Soziale Unterstützung: Bauen Sie ein Unterstützungsnetzwerk aus Freunden, Familie und Kollegen auf, die Ihnen helfen können, motiviert zu bleiben und Sie ermutigen, Ihre Ziele zu verfolgen. Gemeinsam können Sie sich gegenseitig unterstützen und Ihren Willen stärken.

8. Gewohnheiten entwickeln: Schaffen Sie gesunde und produktive Gewohnheiten, die Ihren Willen stärken und Ihnen helfen, Ihre Ziele zu erreichen. Gewohnheiten können dazu beitragen, dass Sie

konsequent handeln und Ihren Willen im Laufe der Zeit weiter aufbauen.

9. Flexibilität: Seien Sie bereit, Ihren Ansatz bei Bedarf anzupassen und aus Fehlern zu lernen. Flexibilität hilft Ihnen, widerstandsfähiger zu werden und Ihren Willen im Angesicht von Rückschlägen zu stärken.

10. Belohnung und Anerkennung: Vergessen Sie nicht, sich selbst für erreichte Meilensteine und Erfolge zu belohnen. Dies kann dazu beitragen, Ihre Motivation aufrechtzuerhalten und Ihren Willen zu stärken.

Indem Sie diese Schritte befolgen und konsequent daran arbeiten, können Sie Ihren Willen aufbauen und stärken. Dies wird Ihnen dabei helfen, erfolgreich Ihre Ziele zu erreichen und Herausforderungen besser zu bewältigen.

11. Visualisierung: Üben Sie die Visualisierung, indem Sie sich vorstellen, wie Sie Ihre Ziele

erreichen und Hindernisse überwinden. Dies kann Ihnen helfen, Ihre Willenskraft zu stärken und Sie mental darauf vorzubereiten, Ihre Ziele zu erreichen.

12. Zeitmanagement: Verbessern Sie Ihre Fähigkeiten im Zeitmanagement, um Ihre Willenskraft zu stärken. Wenn Sie Ihre Zeit effektiv nutzen, können Sie sich besser auf Ihre Ziele konzentrieren und Ablenkungen vermeiden, die Ihre Willenskraft schwächen könnten.

13. Regelmäßige Pausen: Gönnen Sie sich regelmäßig Pausen, um Burnout zu vermeiden und Ihre Willenskraft aufrechtzuerhalten. Pausen helfen Ihnen, sich zu erholen und wieder Energie zu tanken, damit Sie konzentriert und motiviert bleiben.

14. Selbstmitgefühl: Seien Sie nachsichtig mit sich selbst, wenn Sie Schwierigkeiten haben oder Fehler machen. Selbstmitgefühl hilft Ihnen, Rückschläge zu akzeptieren und Ihren Willen

aufrechtzuerhalten, um weiter an Ihren Zielen zu arbeiten.

15. Inspiration suchen: Lesen Sie über inspirierende Personen oder Geschichten, die Ihre Entschlossenheit und Ihren Willen stärken können. Lernen Sie von den Erfahrungen anderer, wie sie ihre Ziele erreicht und Hindernisse überwunden haben.

Indem Sie weiterhin an der Stärkung Ihres Willens arbeiten und diese Schritte befolgen, werden Sie in der Lage sein, Ihre Ziele effektiver zu verfolgen und erfolgreich Herausforderungen zu meistern. Denken Sie daran, dass die Entwicklung eines starken Willens ein fortlaufender Prozess ist, der Zeit und Anstrengung erfordert, aber die Investition lohnt sich auf lange Sicht.

Selbstzweifel eliminieren

Selbstzweifel vollständig zu eliminieren, ist schwierig, da sie ein normaler Teil der menschlichen Erfahrung sind. Es ist jedoch möglich, Selbstzweifel zu reduzieren und besser damit umzugehen. Hier sind einige Tipps, die Ihnen dabei helfen können:

1. Akzeptieren Sie Ihre Selbstzweifel: Erkennen Sie an, dass Selbstzweifel natürlich sind und jeder sie hin und wieder empfindet. Indem Sie Ihre Selbstzweifel akzeptieren, können Sie beginnen, sie als Teil des Prozesses zu sehen, anstatt sie als Hindernis zu betrachten.

2. Positives Denken: Konzentrieren Sie sich auf Ihre Stärken, Erfolge und Fähigkeiten, anstatt sich auf Ihre Schwächen oder Fehler zu fokussieren. Ersetzen Sie negative Gedanken durch positive und konstruktive Gedanken.

3. Setzen Sie realistische Ziele: Definieren Sie klare und erreichbare Ziele, die auf Ihren Fähigkeiten und Interessen basieren. Realistische Ziele können dazu beitragen, Selbstzweifel zu verringern und Ihnen den Glauben an Ihre Fähigkeiten zurückzugeben.

4. Selbstreflexion: Nehmen Sie sich Zeit, um über Ihre Erfahrungen, Erfolge und Rückschläge nachzudenken. Reflektieren Sie, was Sie gelernt haben und wie Sie sich verbessern können. Dies kann Ihnen helfen, Selbstzweifel in konstruktive Einsichten umzuwandeln.

5. Sprechen Sie darüber: Teilen Sie Ihre Selbstzweifel mit vertrauenswürdigen Freunden, Familienmitgliedern oder Kollegen. Sie können Ihnen helfen, Ihre Ängste und Sorgen in Perspektive zu setzen und Ihnen unterstützende Ratschläge geben.

6. Lernen Sie aus Fehlern: Sehen Sie Misserfolge als Lernmöglichkeiten, anstatt als Bestätigung Ihrer Selbstzweifel. Lernen Sie aus Ihren Fehlern und nutzen Sie diese Erfahrungen, um in Zukunft besser zu werden.

7. Selbstmitgefühl: Seien Sie nachsichtig und verständnisvoll mit sich selbst, wenn Sie auf Schwierigkeiten stoßen oder Fehler machen. Selbstmitgefühl kann dazu beitragen, Selbstzweifel abzubauen und Ihre Selbstakzeptanz zu fördern.

8. Visualisierung: Stellen Sie sich vor, wie Sie erfolgreich Ihre Ziele erreichen und Hindernisse überwinden. Visualisierung kann dazu beitragen, Ihre Selbstzweifel zu reduzieren und Ihnen die Zuversicht geben, die Sie benötigen, um voranzukommen.

9. Fähigkeiten entwickeln: Arbeiten Sie kontinuierlich daran, Ihre Fähigkeiten und Kenntnisse zu erweitern. Je mehr Sie lernen und wachsen, desto selbstbewusster werden Sie in Ihren

Fähigkeiten und desto weniger Raum gibt es für Selbstzweifel.

10. Üben Sie Achtsamkeit: Achtsamkeitspraktiken wie Meditation, Yoga oder Atemübungen können Ihnen helfen, Ihren Geist zu beruhigen und Ihre Gedanken besser zu kontrollieren, was dazu beitragen kann, Selbstzweifel zu reduzieren.

Indem Sie diese Tipps befolgen, können Sie Ihre Selbstzweifel verringern und besser mit ihnen umgehen. Bedenken Sie, dass Selbstzweifel ein normaler Teil des Lebens sind und es wichtig ist, sich auf persönliches Wachstum und Selbstverbesserung zu konzentrieren, anstatt sich von diesen Zweifeln überwältigen zu lassen. Hier sind noch einige zusätzliche Tipps:

11. Vergleiche vermeiden: Vermeiden Sie es, sich ständig mit anderen zu vergleichen, da dies Ihre Selbstzweifel nur verstärken kann. Konzentrieren Sie sich stattdessen auf Ihre eigenen Fortschritte und Erfolge.

12. Erfolge feiern: Anerkennen und feiern Sie Ihre Erfolge, auch die kleinsten. Dies kann dazu beitragen, Ihr Selbstvertrauen aufzubauen und Selbstzweifel abzubauen.

13. Affirmationen verwenden: Wiederholen Sie positive und bestärkende Aussagen, die Ihr Selbstwertgefühl stärken. Affirmationen können dazu beitragen, negative Gedankenmuster zu durchbrechen und Selbstzweifel zu verringern.

14. Mentoren suchen: Finden Sie Menschen, die Sie bewundern und von denen Sie lernen können. Mentoren können Ihnen helfen, Selbstzweifel zu überwinden, indem sie Ratschläge und Ermutigung bieten und Ihnen dabei helfen, Ihre Fähigkeiten weiterzuentwickeln.

15. Geduld üben: Erinnern Sie sich daran, dass persönliches Wachstum und Selbstverbesserung Zeit brauchen. Seien Sie geduldig mit sich selbst

und erlauben Sie sich, im eigenen Tempo zu wachsen und zu lernen.

Indem Sie diese Strategien anwenden, können Sie Ihre Selbstzweifel besser bewältigen und verringern. Es ist wichtig, sich daran zu erinnern, dass Selbstzweifel ein normaler Teil der menschlichen Erfahrung sind. Indem Sie konstruktiv mit ihnen umgehen, können Sie Ihr Selbstvertrauen stärken und auf Ihrem Weg zum persönlichen und beruflichen Erfolg vorankommen.

Das Rubikon-Prinzip: Die entscheidende Schwelle

Das Rubikon-Prinzip bezieht sich auf den entscheidenden Moment, in dem wir eine feste Entscheidung treffen, unsere Absichten in die Tat umzusetzen. Der Begriff stammt aus der antiken römischen Geschichte, als Julius Cäsar den Fluss

Rubikon überschritt und damit einen entscheidenden Schritt auf dem Weg zur Macht unternahm. Im Kontext von zielgerichtetem Handeln markiert das Rubikon-Prinzip den Übergang von der Planungs- zur Handlungsphase.

1. Die Psychologie hinter dem Rubikon-Prinzip:

Das Rubikon-Prinzip basiert auf der Annahme, dass die Entscheidungsfindung und das zielgerichtete Handeln von psychologischen Prozessen beeinflusst werden. Wenn wir eine feste Entscheidung treffen, aktivieren wir mentale Ressourcen und Motivation, die uns helfen, unser Ziel zu erreichen. Dieser entscheidende Moment kann als kognitive Schwelle angesehen werden, die dazu beiträgt, unsere Absichten und Pläne in konkretes Handeln zu verwandeln.

2. Anwendung und Nutzen im Alltag:

Das Rubikon-Prinzip kann in vielen verschiedenen Lebensbereichen angewendet werden, von persönlichen Zielen wie Gewichtsverlust oder

Karriereentwicklung bis hin zu größeren gesellschaftlichen Veränderungen. Die bewusste Entscheidung, diese Schwelle zu überschreiten, kann uns dabei helfen, unseren Fokus und unsere Energie auf die Umsetzung unserer Ziele zu richten und mögliche Ablenkungen oder Widerstände zu überwinden. Das Rubikon-Prinzip kann als wirksames Werkzeug dienen, um unsere Willenskraft und Entschlossenheit zu stärken und uns auf dem Weg zur Zielerreichung zu unterstützen.

3. Fallstudien und Erfolgsgeschichten:

Es gibt zahlreiche Beispiele von Menschen, die das Rubikon-Prinzip erfolgreich angewendet haben, um ihre Ziele und Träume zu verwirklichen. Einige Beispiele umfassen Unternehmer, die sich entschieden haben, ihre sicheren Jobs zu verlassen, um ihre eigenen Geschäftsideen zu verfolgen; Sportler, die trotz Verletzungen und Rückschlägen weitermachen; oder Individuen, die bedeutende persönliche Veränderungen wie eine gesündere Lebensweise oder den Erwerb neuer Fähigkeiten erreichen.

Indem wir das Rubikon-Prinzip in unserem eigenen Leben anwenden, können wir unsere Entschlossenheit stärken und uns besser auf die Umsetzung unserer Absichten und Ziele konzentrieren. Dieses Prinzip unterstützt uns dabei, den Übergang von der Planungs- zur Handlungsphase erfolgreich zu meistern und unser volles Potenzial auszuschöpfen.

Selbstreflexion und Wachstum

Selbstreflexion und persönliches Wachstum sind entscheidende Aspekte der persönlichen Entwicklung und des zielgerichteten Handelns. Durch die Beschäftigung mit unserem zukünftigen Selbst und der Visualisierung unserer Ziele können wir unsere Motivation stärken und uns auf die Erreichung unserer Träume und Ambitionen konzentrieren.

Das zukünftige Selbst

Visualisierung und Zielsetzung

Das zukünftige Selbst bezieht sich auf die Vorstellung von uns selbst in der Zukunft und die Ziele, die wir erreichen möchten. Indem wir uns auf unser zukünftiges Selbst konzentrieren, können wir einen klaren Sinn für Richtung und Zweck entwickeln, der uns dabei hilft, unseren Weg zu navigieren und Entscheidungen zu treffen, die uns näher an unsere Ziele bringen.

2. Die Kraft der Vorstellung

Unsere Vorstellungskraft ist ein mächtiges Werkzeug, das uns dabei helfen kann, unsere Ziele und Träume zu visualisieren und unsere Motivation und Entschlossenheit zu stärken. Durch die Visualisierung des zukünftigen Selbst können wir uns ein lebendiges Bild von dem, was wir erreichen möchten, ausmalen und so die Kraft der Vorstellung nutzen, um unsere Handlungen und

Entscheidungen in Richtung unserer Ziele zu lenken.

3. Selbstreflexion und Zielsetzung

Die Selbstreflexion ist ein wichtiger Bestandteil der Visualisierung unseres zukünftigen Selbst, da sie uns dabei hilft, unsere Stärken, Schwächen, Werte und Interessen besser zu verstehen. Indem wir regelmäßig innehalten und über unsere Fortschritte, Ziele und Herausforderungen nachdenken, können wir sicherstellen, dass wir auf dem richtigen Weg sind und gegebenenfalls Anpassungen an unseren Plänen und Strategien vornehmen.

4. Übungen und Techniken für die Visualisierung

Es gibt verschiedene Übungen und Techniken, die uns dabei helfen können, unser zukünftiges Selbst zu visualisieren und unsere Ziele zu konkretisieren. Einige Beispiele hierfür sind:

- Meditation und Achtsamkeitsübungen: Diese können uns dabei helfen, uns auf unsere Gedanken und Gefühle zu konzentrieren und ein klareres Bild von unserem zukünftigen Selbst zu entwickeln.

- Journaling: Das regelmäßige Schreiben in einem Tagebuch oder Journal kann uns dabei helfen, unsere Gedanken, Gefühle und Erfahrungen zu reflektieren und unser zukünftiges Selbst besser zu verstehen.

- Vision Boards: Das Erstellen von Vision Boards, auf denen wir Bilder, Zitate und Symbole sammeln, die unser zukünftiges Selbst und unsere Ziele repräsentieren, kann uns dabei helfen, unsere Vorstellungskraft zu nutzen und unsere Motivation zu stärken.

Indem wir unser zukünftiges Selbst visualisieren und uns auf Selbstreflexion und Wachstum konzentrieren, können wir unsere Entschlossenheit stärken und uns besser auf die Erreichung unserer Ziele und Träume ausrichten.

Wie willst du in der Zukunft sein?

Die Vorstellung von unserem zukünftigen Selbst ist ein wichtiger Faktor, um uns auf unsere Ziele und Träume auszurichten. Um festzustellen, wie wir in der Zukunft sein möchten, müssen wir unsere Werte, Überzeugungen und persönlichen Entwicklungsziele identifizieren und uns auf die Transformation hin zu diesem zukünftigen Selbst konzentrieren.

1. Identifizierung von Werten und Überzeugungen

Unsere Werte und Überzeugungen sind die Grundlage für unsere Entscheidungen und Handlungen. Um zu bestimmen, wie wir in der Zukunft sein möchten, müssen wir zunächst unsere Werte und Überzeugungen identifizieren und analysieren. Dazu gehört, herauszufinden, was uns wichtig ist, welche Prinzipien wir hochhalten und welche Veränderungen wir in unserem Leben vornehmen möchten.

2. Persönliche Entwicklung und Transformation

Nachdem wir unsere Werte und Überzeugungen identifiziert haben, können wir uns auf die persönliche Entwicklung und Transformation konzentrieren. Dies bedeutet, dass wir uns aktiv bemühen, unser Verhalten, unsere Einstellungen und unsere Fähigkeiten zu verbessern, um uns unserem zukünftigen Selbst anzunähern. Persönliche Entwicklung kann durch Bildung, Coaching, Selbstreflexion, Praxiserfahrung und das Setzen von konkreten Zielen erreicht werden.

3. Fallstudien und Beispiele

Es gibt zahlreiche Beispiele und Fallstudien von Menschen, die sich erfolgreich auf die Verwirklichung ihres zukünftigen Selbst konzentriert haben. Einige Beispiele könnten sein:

- Ein Unternehmer, der seinen Fokus von materiellem Erfolg auf sozialen Einfluss verlagert und dadurch ein erfolgreiches soziales Unternehmen gründet.

- Eine Person, die nach einer langen Karriere in einem unerfüllenden Job den Mut findet, eine neue

Karriere zu verfolgen, die ihren Werten und Interessen entspricht.

- Ein Individuum, das sich dazu entschließt, seine emotionale Intelligenz und Kommunikationsfähigkeiten zu verbessern, um bessere Beziehungen in seinem Privat- und Berufsleben aufzubauen.

Indem wir uns darauf konzentrieren, wie wir in der Zukunft sein möchten und die notwendigen Schritte unternehmen, um uns persönlich zu entwickeln und zu transformieren, können wir unser volles Potenzial ausschöpfen und ein erfüllteres, glücklicheres Leben führen.

Herausforderungen und Lösungen

Bei der Verwirklichung unserer Ziele und Träume ist es wichtig, mögliche Schwierigkeiten vorherzusehen und Lösungen für diese Herausforderungen zu entwickeln. Die Fähigkeit, Hindernisse zu antizipieren,

Problemlösungsstrategien anzuwenden und Resilienz und Anpassungsfähigkeit zu entwickeln, sind entscheidende Faktoren für den Erfolg auf dem Weg zur Zielerreichung.

1. Antizipation von Hindernissen

Die Antizipation von Hindernissen ist der erste Schritt, um effektiv mit Herausforderungen umzugehen. Indem wir mögliche Schwierigkeiten im Voraus erkennen, können wir besser darauf vorbereitet sein, ihnen zu begegnen und Lösungen zu finden. Dazu gehört, realistisch über unsere Ziele nachzudenken, mögliche Stolpersteine zu identifizieren und präventive Maßnahmen zu ergreifen.

2. Strategien zur Problemlösung

Sobald wir mögliche Hindernisse identifiziert haben, ist es wichtig, Problemlösungsstrategien zu entwickeln, um diese Herausforderungen zu bewältigen. Einige bewährte Strategien zur Problemlösung sind:

- Brainstorming: Das Sammeln von Ideen und Lösungsvorschlägen von verschiedenen Perspektiven.

- Analyse und Bewertung: Das gründliche Untersuchen der Situation und Abwägen von Vor- und Nachteilen möglicher Lösungen.

- Planung und Umsetzung: Die Entwicklung von konkreten Plänen und Schritten zur Umsetzung der gewählten Lösung.

- Kontinuierliche Verbesserung: Die regelmäßige Überprüfung und Anpassung unserer Strategien, um auf Veränderungen und neue Herausforderungen zu reagieren.

3. Resilienz und Anpassungsfähigkeit

Resilienz und Anpassungsfähigkeit sind entscheidende Fähigkeiten, um mit Herausforderungen und Schwierigkeiten umzugehen. Resilienz bezieht sich auf die Fähigkeit, sich von Rückschlägen zu erholen und weiterzumachen, während Anpassungsfähigkeit die Fähigkeit bezeichnet, flexibel auf Veränderungen und neue Situationen zu reagieren. Um Resilienz und Anpassungsfähigkeit zu entwickeln, ist es wichtig, eine positive Einstellung zu bewahren, Unterstützung von Familie, Freunden und Kollegen zu suchen und proaktiv an unserer persönlichen Entwicklung und unserem Wachstum zu arbeiten.

Indem wir Schwierigkeiten vorhersehen, Problemlösungsstrategien anwenden und Resilienz und Anpassungsfähigkeit entwickeln, können wir besser mit Herausforderungen umgehen und uns auf dem Weg zur Zielerreichung erfolgreich behaupten.

Anstrengungen bewusst in Kauf nehmen

In einer Welt voller Ablenkungen ist es wichtig, bewusst Anstrengungen in Kauf zu nehmen, um persönliche und berufliche Ziele zu erreichen. Durchhaltevermögen, Motivation und Selbstverpflichtung sind entscheidende Faktoren, um Disziplin aufrechtzuerhalten und Fortschritte zu erzielen. Hier sind einige Techniken zur Steigerung der Disziplin:

1. Setzen Sie realistische Ziele: Beginnen Sie damit, klare, realistische Ziele zu setzen, die Ihnen dabei helfen, auf Kurs zu bleiben. Das Erreichen kleinerer, erreichbarer Ziele kann Sie dazu motivieren, weiterzumachen und größere Herausforderungen anzugehen.

2. Planen Sie Ihre Zeit: Zeitmanagement ist entscheidend, um Ihre Disziplin zu verbessern. Erstellen Sie einen Zeitplan, der sowohl Pausen als auch Arbeitszeit berücksichtigt, und halten Sie sich so weit wie möglich daran.

3. Priorisieren Sie Aufgaben: Identifizieren Sie die wichtigsten und dringendsten Aufgaben, und konzentrieren Sie sich darauf, diese zuerst abzuschließen. Dadurch können Sie sicherstellen, dass Ihre Energie auf die wichtigsten Dinge gerichtet ist.

4. Üben Sie Selbstkontrolle: Lernen Sie, Ablenkungen zu widerstehen, indem Sie Ihre Umgebung gestalten, um das Risiko von Unterbrechungen zu minimieren. Schalten Sie beispielsweise Ihr Smartphone aus oder stellen Sie es auf stumm, wenn Sie sich auf eine Aufgabe konzentrieren müssen.

5. Verantwortlichkeit schaffen: Teilen Sie Ihre Ziele und Fortschritte mit anderen, um ein Gefühl der Verantwortlichkeit zu schaffen. Dies kann dazu beitragen, Ihre Motivation und Disziplin zu stärken.

6. Belohnen Sie sich: Belohnen Sie sich für erreichte Meilensteine oder abgeschlossene Aufgaben. Dies kann helfen, Ihre Motivation aufrechtzuerhalten und ein Gefühl der Zufriedenheit zu erzeugen.

7. Finden Sie Ihre innere Motivation: Identifizieren Sie die Gründe, warum Sie ein Ziel erreichen möchten, und nutzen Sie diese Motivation, um durch schwierige Zeiten hindurch zu kommen.

8. Üben Sie Achtsamkeit: Achtsamkeitspraktiken wie Meditation können Ihnen helfen, sich auf das Hier und Jetzt zu konzentrieren und Ihre Gedanken zu klären, was letztendlich Ihre Disziplin verbessern kann.

9. Lernen Sie aus Rückschlägen: Es ist wichtig, Rückschläge als Lernmöglichkeiten zu betrachten und sich nicht von ihnen entmutigen zu lassen. Analysieren Sie, was schief gelaufen ist, und entwickeln Sie Strategien, um es in Zukunft besser zu machen.

10. Seien Sie geduldig: Disziplin ist eine Fähigkeit, die Zeit und Übung erfordert. Seien Sie geduldig mit sich selbst und erkennen Sie an, dass es Fortschritte und Rückschritte geben wird, während Sie Ihre Disziplin kontinuierlich verbessern.

Praktische Umsetzung und Erfolg

Um erfolgreich an Ihren Zielen zu arbeiten, ist es wichtig, praktische Umsetzungsstrategien zu entwickeln und eine Umgebung zu schaffen, die Ihre Motivation und Ihren Fokus unterstützt. Hier sind einige Tipps, wie Sie Erinnerungen sichtbar machen, Visualisierung und Affirmationen nutzen können, um Ihre Zielerreichung zu fördern.

1. Erinnerungen sichtbar machen: Erstellen Sie visuelle Erinnerungen an Ihre Ziele, indem Sie sie aufschreiben und an gut sichtbaren Orten platzieren. Sie können beispielsweise Notizen an Ihren Spiegel oder Kühlschrank kleben oder eine Pinnwand verwenden, um Ihre Ziele, Fortschritte und inspirierende Bilder zu präsentieren.

2. Visualisierung: Visualisierung ist eine Technik, bei der Sie sich mental vorstellen, wie es ist, Ihr Ziel bereits erreicht zu haben. Indem Sie sich regelmäßig Zeit nehmen, um sich Ihren Erfolg

lebhaft vorzustellen, können Sie Ihre Motivation und Ihren Fokus stärken.

3. Die Rolle von Erinnerungen in der Zielerreichung: Erinnerungen können dazu beitragen, Ihre Motivation aufrechtzuerhalten und Sie daran zu erinnern, warum Sie an einem bestimmten Ziel arbeiten. Regelmäßige Erinnerungen können Ihnen dabei helfen, auf Kurs zu bleiben und konzentriert zu bleiben.

4. Schaffung einer motivierenden Umgebung: Gestalten Sie Ihren Arbeits- und Lebensraum so, dass er Ihre Produktivität und Motivation fördert. Entfernen Sie Ablenkungen, stellen Sie inspirierende Zitate oder Bilder auf und sorgen Sie für eine angenehme Atmosphäre, die Ihnen hilft, fokussiert zu bleiben.

5. Affirmationen und ihre Wirkung: Affirmationen sind positive, bestärkende Aussagen, die Sie sich selbst sagen, um Ihre Selbstwahrnehmung und Ihren Glauben an Ihre Fähigkeiten zu stärken. Sie können Affirmationen verwenden, um Ihre Einstellung, Motivation und Denkweise zu

verbessern. Sprechen Sie Ihre Affirmationen laut aus, schreiben Sie sie auf oder denken Sie daran, während Sie meditieren. Einige Beispiele für Affirmationen sind:

- "Ich bin fähig, meine Ziele zu erreichen."

- "Ich verdiene Erfolg und Glück."

- "Ich werde heute produktiv und fokussiert sein."

Die Kombination dieser Techniken kann dazu beitragen, eine Umgebung zu schaffen, die Ihre Zielerreichung unterstützt und Ihnen hilft, motiviert und fokussiert zu bleiben. Indem Sie Ihre Umgebung, Denkweise und täglichen Gewohnheiten anpassen, können Sie eine solide Grundlage für Ihren persönlichen und beruflichen Erfolg schaffen.

Fortschrittskontrolle und Erfolgsmessung

Um erfolgreich Ihre Ziele zu erreichen, ist es wichtig, Ihren Fortschritt regelmäßig zu überwachen und Ihre Erfolge zu messen. Die Selbstbeobachtung und die richtigen Methoden zur Fortschrittskontrolle sind entscheidend für die Aufrechterhaltung der Motivation und für das Lernen aus Erfolgen und Misserfolgen.

1. Die Bedeutung der Selbstbeobachtung: Durch Selbstbeobachtung können Sie Ihre Fortschritte, Ihre Denkweise und Ihre Gewohnheiten kritisch betrachten. Dies hilft Ihnen, notwendige Anpassungen vorzunehmen und Ihre Strategien für die Zielerreichung zu optimieren.

2. Methoden zur Fortschrittskontrolle:

- Führen Sie ein Tagebuch oder einen Fortschrittsbericht: Dokumentieren Sie täglich oder wöchentlich Ihre Aktivitäten, Erfolge und Herausforderungen. Dies hilft Ihnen, den

Überblick über Ihre Fortschritte zu behalten und Ihre Erfahrungen zu reflektieren.

- Setzen Sie Meilensteine: Teilen Sie Ihr Ziel in kleinere, überschaubare Schritte auf und setzen Sie Meilensteine, die Sie erreichen möchten. Dies ermöglicht es Ihnen, Ihren Fortschritt kontinuierlich zu überwachen und Erfolge zu feiern.

- Verwenden Sie Apps oder digitale Tools: Nutzen Sie Technologie, um Ihren Fortschritt zu verfolgen. Es gibt zahlreiche Apps und Online-Tools, die Ihnen dabei helfen können, Ihre Ziele, Aufgaben und Erfolge festzuhalten.

- Bitten Sie um Feedback: Holen Sie sich regelmäßig Feedback von Freunden, Familie oder Kollegen, um eine objektive Einschätzung Ihrer Fortschritte zu erhalten.

3. Feiern von Erfolgen und Lernen aus Misserfolgen:

- Feiern Sie Erfolge: Anerkennen Sie Ihre Erfolge, egal wie klein sie sind, und belohnen Sie sich für das Erreichen von Meilensteinen. Dies hilft Ihnen, Ihre Motivation aufrechtzuerhalten und Selbstvertrauen aufzubauen.

- Lernen Sie aus Misserfolgen: Betrachten Sie Rückschläge und Misserfolge als Lernmöglichkeiten. Analysieren Sie, was schiefgelaufen ist, und entwickeln Sie Strategien, um in Zukunft bessere Ergebnisse zu erzielen. Vermeiden Sie es, sich selbst für Misserfolge zu bestrafen; stattdessen nutzen Sie sie als Ansporn, um weiterzumachen und sich zu verbessern.

Indem Sie Ihre Fortschritte kontinuierlich überwachen und Ihre Erfolge messen, können Sie Ihre Strategien anpassen und sicherstellen, dass Sie auf dem richtigen Weg sind, um Ihre Ziele zu erreichen. Denken Sie daran, Erfolge zu feiern und aus Misserfolgen zu lernen, um eine ausgewogene Perspektive auf Ihre Zielerreichung zu bewahren und Ihre Motivation und Selbstvertrauen zu stärken.

Schlusswort

Die Erreichung persönlicher und beruflicher Ziele erfordert Durchhaltevermögen, Motivation, Selbstverpflichtung und Disziplin. Um dies zu erreichen, ist es wichtig, realistische Ziele zu setzen, Zeitpläne zu erstellen, Prioritäten zu setzen und Selbstkontrolle zu üben. Die Schaffung einer motivierenden Umgebung und die Anwendung von Techniken wie Visualisierung und Affirmationen können zusätzlich helfen, Ihre Denkweise und Einstellung zu stärken. Die kontinuierliche Überwachung des Fortschritts, das Feiern von Erfolgen und das Lernen aus Misserfolgen sind ebenfalls entscheidend für die erfolgreiche Zielerreichung.

Zusammenfassung und Ausblick

Indem Sie die vorgestellten Techniken und Strategien anwenden und kontinuierlich Ihre Fähigkeiten zur Selbstreflexion und Anpassung verbessern, können Sie langfristig erfolgreich Ihre Ziele erreichen. Denken Sie daran, geduldig mit sich selbst zu sein und anzuerkennen, dass die Entwicklung von Disziplin und Durchhaltevermögen Zeit und Übung erfordert.

Anhang: Ressourcen und weiterführende Literatur

Um Ihre Kenntnisse und Fähigkeiten im Bereich der Zielerreichung und Selbstverbesserung zu vertiefen, finden Sie hier einige Ressourcen und weiterführende Literatur:

1. Bücher:

   - "Die 7 Wege zur Effektivität" von Stephen R. Covey

   - "Atomic Habits: An Easy & Proven Way to Build Good Habits & Break Bad Ones" von James Clear

   - "Mindset: The New Psychology of Success" von Carol S. Dweck

- "The Miracle Morning: The Not-So-Obvious Secret Guaranteed to Transform Your Life (Before 8AM)" von Hal Elrod

2. Online-Kurse und Webseiten:

- Coursera: Zielsetzung, Zeitmanagement, Produktivitätskurse

- MindTools: Ressourcen zur persönlichen und beruflichen Entwicklung

- TED Talks: Inspirierende Vorträge von Experten in den Bereichen Motivation, Zielsetzung und persönliches Wachstum

3. Apps und Tools:

- Trello: Projektmanagement und Aufgabenverwaltung

- Todoist: Aufgaben- und Zeitmanagement

- Headspace: Meditation und Achtsamkeit

- MyFitnessPal: Gesundheits- und Fitness-Tracking

Durch das Studium dieser Ressourcen und das

kontinuierliche Üben der vorgestellten Techniken können Sie Ihre Fähigkeiten zur Zielerreichung und Selbstverbesserung erheblich verbessern und langfristig erfolgreich sein.